Le mot int

Nicolas de Hirsching, d'origine russe, est né en 1956 à Buenos Aires. Très grand (1 m 93), il impressionne les enfants, qu'il adore, et son métier d'instituteur l'a souvent amené à puiser dans son imagination des histoires pour faire plaisir à ses élèves. Il aime les bonbons et les gâteaux et, s'il a horreur de se lever tôt et de bricoler, il pratique l'aïkido et la prestidigitation. Ses histoires ont été publiées chez Gallimard, aux éditions de l'Amitié et au Centurion.

Jean Claverie est né à Beaune en 1946. Formé à l'École des arts décoratifs de Genève, il partage ses activités entre l'enseignement et l'illustration de livres pour la jeunesse. Publiés chez Gallimard, Albin Michel et au Centurion, ses travaux lui ont valu plusieurs prix et récompenses dont le prix graphique Loisirs jeunes en 1981.

ISBN 2.227.72203.7

Le mot interdit

Une histoire écrite par Nicolas de Hirsching
illustrée par Jean Claverie

BAYARD ÉDITIONS

Incroyable !

Cette histoire a commencé un mercredi après-midi. J'étais à la maison avec mon grand frère et je m'ennuyais. Je n'avais pas envie de lire, ni envie de dessiner, ni envie de regarder la télé.

J'aurais bien taquiné mon frère, mais il faisait ses devoirs, et il fallait le laisser tranquille. Alors il m'est venu une idée : si je faisais des farces au téléphone ? Bien sûr, mes parents me répètent souvent : « Ne touche pas au téléphone ! Ce n'est pas un jouet ! Ça coûte cher ! »

Mais que voulez-vous ! je ne suis ni très sage, ni très obéissant, et tant pis pour les promesses que j'ai faites !

Je décroche l'appareil, et je compose plusieurs chiffres au hasard, sur le cadran. Un quatre pour commencer, un sept, un deux, un zéro, un cinq, un six, un trois et encore un six.

Au bout d'un moment, j'entends une sonnerie, et quelqu'un décroche :

– Allô ? Ici la société Tout-Gratis. Que puis-je pour votre service ?

Moi, j'ai décidé de me moquer de mon correspondant, aussi je réponds :

– Bonjour, je voudrais parler à monsieur Lagrenouille !
– Il n'y a pas de Lagrenouille chez nous, dit la voix. Ici, c'est la société Tout-Gratis.

J'essaie de rester sérieux et je dis :
– Elle a un nom bizarre, votre société.
– Absolument pas ! fait la voix. Nous nous appelons Tout-Gratis, car nous offrons à nos clients tout ce qu'ils veulent, et gratuitement. C'est simple, n'est-ce pas ?

Là, je commence à me demander si la personne n'est pas, elle aussi, en train de se moquer de moi.

– Vous donnez tout gratuitement ? C'est impossible, aucune société ne fait ça.

– La nôtre, si ! Vous vous inscrivez ?

– Moi ? m'inscrire ?

– Oui. Donnez-nous votre nom, et aussitôt vous deviendrez un de nos clients. Vous pourrez nous commander tout ce que vous voulez, sauf de l'argent, bien sûr.

Finalement, je suis ravi, et j'accepte.

– Mon nom est Thierry Valleteau.

– Très bien ! répond la voix. Maintenant, je dois vous faire connaître le seul règlement que vous devez suivre : il est absolument interdit de commander des objets dont le nom se termine par le son « eur ».

– Tiens, c'est curieux ça... Et si je le fais quand même ?

La voix me répond d'un ton sinistre :
– Il y a deux possibilités. Ou vous rendez tous les objets qu'on vous a donnés, du premier jusqu'au dernier, ou bien vous êtes

condamné à travailler tout le reste de votre vie sur la planète Tixar. Vous fabriquerez des objets dans nos usines.

En entendant ça, je ne suis pas très rassuré, mais je dis :

– Après tout, je n'aurai qu'à faire attention ! Je peux faire ma première commande ?

– Mais bien sûr ! Vous avez droit à une commande par jour.

Je réfléchis une seconde et je m'écrie :

– Apportez-moi un camion en plastique !

Alors il se produit quelque chose d'extraordinaire : une fumée bleue se met à sortir du récepteur de mon téléphone. Puis elle prend la forme d'une bulle légère qui se pose sur le tapis. Enfin, elle disparaît en laissant la place à un magnifique camion jaune avec des roues noires.

C'est tout à fait incroyable ! Je me rapproche du téléphone pour demander :

– Dites-moi… comment vous faites ?

– C'est un secret !

Tous nos colis vous seront envoyés de cette manière.

Et surtout, n'oubliez pas le règlement : pas d'objets dont le nom se termine par « eur » !

19 20 21 22
25 26 27 28
& TELECOMMUN

Des cadeaux, des cadeaux !

Bien entendu, je ne dis pas un mot à mes parents de cette incroyable aventure. Après avoir bien joué avec mon camion, je le cache tout au fond de mon coffre à jouets.

Le lendemain, je prends le téléphone et je compose mon numéro : quatre, sept...

La sonnerie retentit, et j'entends la même voix que la veille :

– Allô ? Ici la société Tout-Gratis. Que puis-je pour votre service ?

Un peu intimidé, je me présente :

– C'est Thierry Valleteau à l'appareil.

La voix a l'air enchanté :
– Bonjour, Monsieur Valleteau ! Vous téléphonez sans doute pour une nouvelle commande ?
– Oui, c'est ça.
– Et que désirez-vous aujourd'hui ? N'avez-vous pas envie d'un petit tracteur ?

J'ai failli dire « oui » ! Mais d'un seul coup, je me rappelle ce fameux règlement : pas de mot finissant par « eur » ! Alors je dis d'une voix très polie :
– Merci beaucoup ! je n'en veux pas !

– Vous préférez un petit ventilateur ?

– Euh… non ! Je veux un avion.
Là au moins, je ne risque rien.
– Très bien ! dit la voix. Un avion en forme de fusée, avec deux gros réacteurs, ça vous va ?

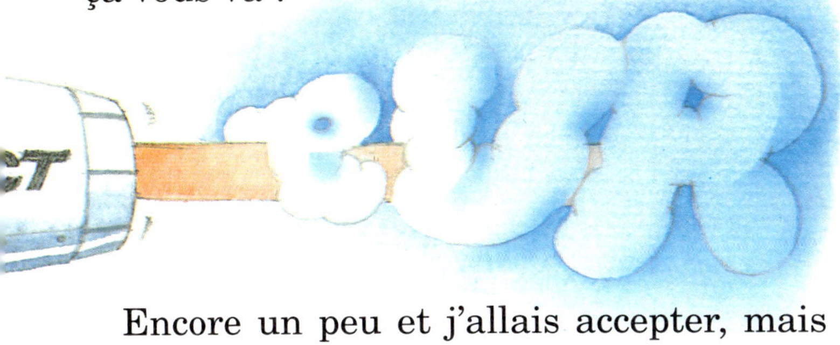

Encore un peu et j'allais accepter, mais je me rattrape juste à temps :
– C'est tout à fait ce que je … euh… ce que je ne veux pas ! Je voudrais un avion un peu moins moderne !

– C'est comme vous le désirez ! répond la voix. Que pensez-vous d'un avion avec un nez pointu, qui peut se plier, et deux énormes moteurs sous chaque aile ?
– Oui ! oui ! avec deux énormes…

Je réalise mon erreur, et je me reprends à toute vitesse :
– Non ! je le veux avec deux énormes hélices, voilà ! avec des hélices !

La voix prend un ton rageur :
– Très bien, voici votre commande.

Et le miracle s'accomplit encore une fois. Une fumée bleue jaillit du récepteur et se pose sur le sol. Quelques secondes après, elle se transforme en un merveilleux avion, flambant neuf.

Je m'apprête à remercier poliment, mais au moment de parler, je m'aperçois que mon correspondant a déjà raccroché.

Tout en jouant avec mon nouveau cadeau, je me dis : « Méfiance ! La voix a cherché à me faire prononcer un de ces satanés mots qui se terminent par " eur ".
Il faut que je sois très,
très prudent ! »

En effet, les jours suivants, chaque fois que je téléphone, la voix me tend des pièges en me disant :

– Cela vous plairait d'avoir un déguisement d'explorateur ?

Ou bien :

– Je suis sûr que vous aimeriez avoir une mallette de docteur !

– Vraiment ? Vous n'avez pas envie d'une locomotive à vapeur ?

Mais je me méfie ! Jamais je n'accepte de cadeau sans avoir longtemps réfléchi, et jamais je ne me trompe.

Mon coffre à jouets est déjà plein, et je suis obligé de ranger les nouveaux jeux dans mon armoire, ou sous mon lit. Ça ne m'empêche pas de téléphoner tous les jours, pour redemander quelque chose d'autre. Après tout, pourquoi s'en priver, puisque c'est gratuit ! Et c'est si amusant ! Enfin, c'était amusant avant, car depuis il m'est arrivé une chose terrible, et maintenant je regrette amèrement d'être devenu le client de cette méchante société Tout-Gratis.

LUNDI MARDI MERC. JEUDI VEND. SAMEDI
POSTE
MMUNICATIONS

Le piège

Imaginez-vous qu'hier après-midi je téléphonais à Tout-Gratis. Ah ! comme je le regrette à présent !

On décroche, et je fais ma demande :

– Bonjour, je suis Thierry Valleteau et je voudrais une montre !

– Très bien, je vous l'envoie tout de suite, répond la voix.

Comme d'habitude, la petite fumée bleue jaillit du récepteur, puis, une fois à terre, elle s'évanouit en laissant la place à une montre, toute ronde, mais d'aspect plutôt bizarre.

A la place des deux aiguilles, il y a un gros

bouton qui occupe presque tout le cadran. J'examine l'objet avec beaucoup d'attention. J'appuie sur le bouton plusieurs fois, mais rien ne se produit.

Inutile de vous dire que je suis très en colère. Je reprends le téléphone, et j'appelle la société Tout-Gratis. Je crie :

– C'est Thierry Valleteau ! Dites-moi, qu'est-ce que c'est que cette cochonnerie que vous m'avez envoyée ?

– Cochonnerie ? Mais, monsieur Valleteau, nous vous avons envoyé une montre comme vous le demandiez !

– Quoi ? Ce n'est pas une montre ! Il n'y a même pas d'aiguilles. Alors ?

La voix, très calme, me demande :

– Vous voyez le gros bouton, au centre ?

– Oui, il prend presque toute la place.

– Très bien. Tournez-le vers la droite.

J'obéis. Je tourne le bouton, et, dès que je le lâche, une petite musique se met à sortir du boîtier. C'est un petit air de carillon, très joli, mais ce n'est pas du tout ce que j'espérais.

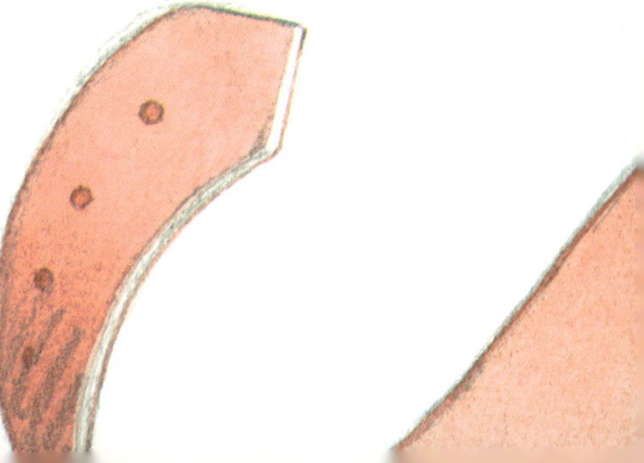

Je reprends le téléphone, mais avant que j'aie le temps de protester, la voix déclare :
– Vous voyez ! cette montre est en parfait état de marche.

Là, je suis sûr qu'on est en train de se payer ma tête. Je me sens de plus en plus furieux, et je hurle :
– Mais enfin ! je ne vous ai pas demandé une montre qui fait de la musique !

Ce que je veux, moi, c'est une montre avec des aiguilles, une montre qui marque l'heure !

A l'instant où je prononce ce dernier mot, je me rends compte de ma terrible bêtise. Ça y est ! Je me suis trompé ! je l'ai prononcé, ce maudit « eur » !

A l'autre bout du fil, la voix reprend ma phrase :

– Une montre qui marque l'heure ? Vous avez bien dit « l'heure » ? Voilà qui est fort intéressant ! Ne quittez pas !

Déjà un filet de fumée sort du récepteur, mais cette fois-ci, ce n'est pas un jouet qui apparaît, c'est un homme.

– Monsieur Thierry Valleteau ! Vous n'avez pas respecté le règlement de notre société. Vous êtes donc condamné à travailler pour nous, sur la planète Tixar, tout le reste de votre vie.

TIXAR S.A.

L'homme de Tixar

Mon sang se glace, et je bafouille :
– Mais... mais... je ne l'ai pas fait exprès !
– Aucune importance ! me répond l'homme. Le règlement doit être appliqué.
– Mais enfin, monsieur ! Vous ne pouvez pas m'emmener comme ça ! Vous ne pouvez pas me séparer de mes parents, de ma maison ! Vous n'avez pas le droit !
– Au contraire ! C'est vous qui n'avez pas le droit de refuser de nous suivre. Vous étiez prévenu, maintenant il faut payer votre erreur.

A ces mots, je sens des larmes me monter aux yeux. Je comprends maintenant que cette société n'est pas aussi généreuse qu'elle le prétend. Les cadeaux qu'elle offre, c'est juste histoire d'attirer les gens ! Après, elle n'a plus qu'à attendre qu'ils se trompent et, ainsi, elle gagne une personne qui travaillera toute sa vie gratuitement comme un esclave !

Soudain, je me rappelle quelque chose, et je crie, plein d'espoir :

– Monsieur ! monsieur ! Je ne veux pas partir avec vous ! Je préfère vous rendre tous vos cadeaux. J'en ai le droit, c'était dans le règlement !

L'homme semble ennuyé. Il ne s'attendait pas à ce que je me souvienne de ce détail ! Mais bien vite, il sourit en lissant sa barbiche :

– C'est vrai ! Vous avez exactement une journée pour rassembler tous vos objets. Mettez-les devant le téléphone, et demain, à cinq heures, ils repartiront comme ils sont arrivés. Je vous rappelle que vous avez passé dix-huit commandes. Il faut donc nous rendre dix-huit objets. Pas un de moins, sinon… vous savez ce qui vous attend. Vous ne pouvez pas nous échapper…

Là-dessus, l'homme se décompose en fumée, s'engouffre dans l'écouteur du téléphone et disparaît.

Quant à moi, je ne perds pas de temps. Je me précipite dans ma chambre et je sors toutes les choses qu'on m'a offertes.

Ensuite je me mets à les compter. D'abord, c'est le camion. Après, vient l'avion, puis un jeu de loto, un disque, un pistolet, une poupée, une flûte, un canif,

un ballon, un transistor, une guitare, un puzzle, un déguisement de cosmonaute, un jeu de dames, un livre, un train électrique, la montre... Et tout ça fait dix-sept !

Je commence à trembler dans ma culotte, car il n'y a pas d'objet numéro dix-huit ! Et pourtant, j'ai fait dix-huit commandes ! Je me remets à compter, plein d'inquiétude. Hélas ! Comme la première fois, je n'en trouve que dix-sept.

Il en manque un,
je suis perdu !

dix sept
dix sept
dix
6×3=18
−1
17
17
+3
+4
17
DIX SEPT
18
−1
17
17
17
17
10
+7
17
12
+4
+1
17
6×3=18
−1
17
17
XVII
17
6
+10
+1
17

Introuvable !

Ah ! quelle effroyable nuit j'ai passée ! Je me suis tourné et retourné dans mon lit. J'ai cherché de toutes mes forces dans ma mémoire : quel est cet objet qui me manque ? Où peut-il se trouver ? Mais, impossible de m'en souvenir.

Et nous voici aujourd'hui, mercredi matin. Cet après-midi, l'homme reprendra ses cadeaux, et lorsqu'il s'apercevra qu'il en manque un, il m'emportera.

Pour la dixième fois, je fouille ma chambre, mais rien ! A moins que… à moins que j'aie laissé traîner ce jouet quelque part dans la maison ? Un petit espoir remonte en moi. Vite ! au travail ! Commençons par la cuisine.

J'examine les casseroles, la vaisselle, la nourriture, tout, tout, tout. Lorsque j'ai terminé, il est déjà une heure de l'après-midi. Et je n'ai rien trouvé.

Sans me décourager, je vais dans la chambre de mes parents. Là, pour ne pas faire de désordre, je suis obligé de remettre à leur place les choses que je dérange, et je perds beaucoup de temps.

Lorsque j'ai terminé, il est déjà deux heures de l'après-midi. Et je n'ai encore rien trouvé.

Allez ! la salle de bains, maintenant ! Là, normalement, ça devrait aller assez vite. Malheureusement, je renverse un verre à dents qui se brise en tombant par terre.

Je ramasse les morceaux pour qu'on ne se blesse pas en marchant dessus, et ça m'occupe un bon moment. Lorsque j'ai terminé, il est déjà trois heures de l'après-midi. Et je n'ai toujours rien trouvé !

Mon cœur commence à se serrer.

Le cagibi, vite ! Il est mal rangé, et pour fouiller à l'intérieur, ce n'est pas facile. Lorsque j'ai terminé, il est quatre heures, et je n'ai pas trouvé l'objet qui me manque. Cette fois, je suis désespéré. Il ne me reste qu'une toute petite heure pour y arriver. Il y a encore la chambre de mon frère que je n'ai pas fouillée, mais, en général, il me défend d'entrer chez lui, il a toujours peur que je touche à ses affaires. Il se prend pour un grand depuis qu'il a des devoirs à faire à la maison. Je vais me faire traiter de tous les noms.

Tant pis, il faut quand même essayer.

J'entre dans sa chambre, et je le vois installé à son bureau, en train d'écrire. Je l'appelle tout doucement :

– Grégory !

– Oui. Qu'est-ce que tu veux ?

– Euh… est-ce que je peux fouiller dans ta chambre ? Je cherche quelque chose que j'ai perdu.

– Ah ! Et qu'est-ce que c'est ?

Je suis très embêté, mais je suis bien obligé de lui répondre :

– Je ne sais pas ! J'ai oublié !

Il me regarde d'un drôle d'air :

– Ah bon ! Alors comme ça, tu cherches quelque chose et tu ne sais pas quoi ?

Je me sens un peu bête. Mon frère prend une grosse voix :

– Ecoute, Thierry ! Tu sais que, le mercredi, j'ai beaucoup de travail ! Et que je n'ai pas de temps à perdre avec toi. Alors, arrête de raconter n'importe quoi et laisse-moi tranquille !

Comme je sais qu'il ne croira jamais mon histoire, j'obéis. Je quitte la pièce, en regardant très vite s'il n'y a pas un objet qui pourrait m'appartenir. Mais, hélas, je ne vois rien !

Je retourne dans ma chambre et je m'effondre sur le lit en pleurant.

Dans une demi-heure, les gens de la société Tout-Gratis viendront me prendre.

Je vois la petite aiguille des heures qui se rapproche du cinq. Et soudain, sans que j'aie senti le temps passer, la sonnerie du téléphone retentit.

TWAR ROCK
LP
45

La dernière minute

Je décroche d'une main tremblante, et j'écoute :

– Allô ! Ici la société Tout-Gratis. Vous êtes bien monsieur Thierry Valleteau ? Nous venons reprendre nos envois. Sont-ils bien rangés près du téléphone ?

– Oui.

– Alors, nous commençons.

Je ne dis rien, et j'assiste à la disparition de mes jouets. Un à un, ils se décomposent en fumée et s'engouffrent dans l'appareil.

Déjà dix objets ont pris le chemin du retour. Il n'en reste plus que sept.

Soudain, j'entends la voix de mon frère :

– Thierry !

Tout en regardant la guitare disparaître, je me demande : « Qu'est-ce qu'il peut bien me vouloir ? »

Plus que six objets, et de nouveau la voix de mon frère :

– Thierry !

Cette fois, je suis obligé de répondre :

– Quoi ? Qu'est-ce qu'il y a ?

Mes yeux ne quittent pas le téléphone. Pffuit ! encore un objet ! Il n'en reste plus que cinq.

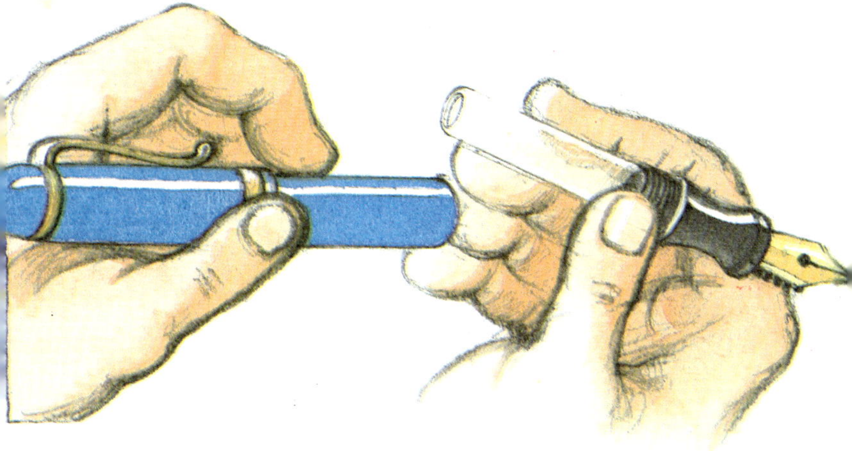

– Thierry, viens voir !

Je pars en courant dans la chambre de mon frère pour voir ce qui se passe.

– Alors, qu'est-ce que tu veux ?

– Dis-moi, tu n'as pas une cartouche de rechange pour ce stylo ?

Je lui réponds :

– Bien sûr que non ! Pourquoi est-ce que j'en aurais une ?

– Eh bien, parce que c'est un stylo que j'ai trouvé dans ta chambre.

Et tout en disant ça, mon frère me montre un magnifique stylo que je reconnais immédiatement ! C'est lui ! C'est un des objets que j'ai commandés, c'est celui qui me manque !

A toute vitesse, je prends le stylo des mains de mon frère et je cours vers le téléphone. Le dernier cadeau vient à peine de disparaître ! Je colle mon stylo contre l'écouteur. Aussitôt, il est aspiré comme le reste des jouets.

J'entends la voix qui me dit d'un ton furieux :
– Dix-huit ! Le compte y est ! A partir de maintenant, votre inscription est annulée, il est inutile de retéléphoner au même numéro !

Et c'est le silence. On a raccroché. Ouf ! quel soulagement !

Mon frère entre dans la pièce :

– Dis donc, Thierry, pourquoi m'as-tu pris mon stylo ?

Je prends un air boudeur et je réponds :

– Parce qu'il est à moi ! Tu n'avais pas le droit de me le prendre, et de toute façon je ne te le rendrai pas.

– Ce que tu peux être bête ! dit mon frère, en hochant la tête.

Après cette aventure, inutile de vous dire que je ne toucherai plus au téléphone. Quant à vous, s'il vous arrive un jour d'entendre au bout du fil : « Allô ! Ici la société Tout-Gratis. Que puis-je pour votre service ?... », souvenez-vous de ce qui aurait pu m'arriver. Ne répondez pas, et raccrochez immédiatement !

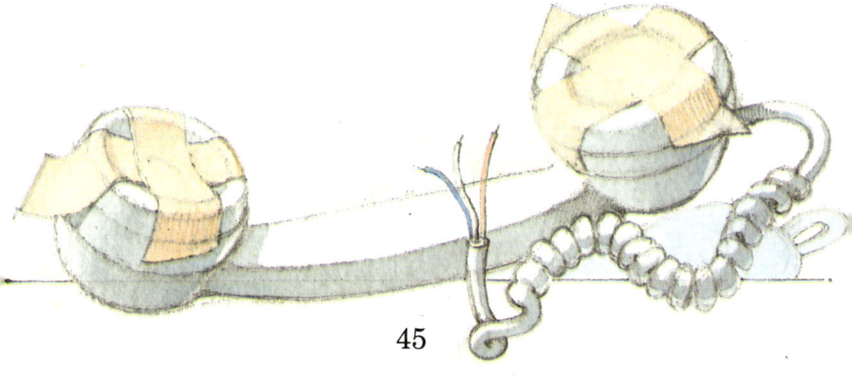

Dans la même collection

J'aime lire

C'EST LA VIE JULIE

L'héroïne du supermarché

Tout va de travers ce matin pour Julie. Sa grande sœur l'agace, sa petite sœur l'arrose de bouillie, son frère la taquine. A l'école, ça ne va pas mieux, mais à midi tout bascule : au supermarché quelque chose vient de se passer qui va tout changer...

Une histoire écrite par Évelyne Reberg et illustrée par Véronique Cau.

UN DIMANCHE DINGUE

Quand rien ne va plus...

Dimanche matin, la famille Lindécis au grand complet part déjeuner chez Tante Huguette à la campagne. Sur l'autoroute, les ennuis s'enchaînent : embouteillages, disputes, contrôle de police, disparition du chat, de la voiture... Quand, enfin, tout rentre dans l'ordre, ils sont très en retard et téléphonent à Tante Huguette. Mais personne ne répond...

Une histoire écrite par Jean-Pierre Serenne et illustrée par Roger Blachon.

LA FORÊT D'ARUA

Au royaume des animaux

Arua connaît le langage des animaux sauvages et parle avec eux. Un matin, en se dirigeant vers la caverne où habite sa grand-mère, elle entend un appel : « Arua, Arua… ». C'est un ourson qui pleure, sa patte est prise dans un piège. Le frère d'Arua, Oatu, si désobéissant, est, lui aussi, en danger. La reine des grenouilles l'a capturé… Arua réussira-t-elle à libérer les deux prisonniers ?

Une histoire écrite par Nicole Adrienne et illustrée par Mette Ivers.

LE TALISMAN DE VANNINA

La reconnaissance du sang

Au cœur d'une forêt, Vannina porte secours à une vieille femme à l'accent étranger. En remerciement, l'étrangère lui offre un bracelet porte-bonheur : un talisman. Peu après, Vannina et son frère Orso tombent entre les mains de soldats ennemis. Embarqués de force pour la Turquie, seront-ils vendus comme esclaves au très puissant seigneur, le prince Moulaïd Pacha ?

Une histoire écrite par Bertrand Solet et illustrée par Claude Lapointe.

Achevé d'imprimer en octobre 1992 par Ouest Impressions Oberthur
35000 Rennes - N° 13313
Dépôt légal éditeur n° 1349 - Mars 1990
Imprimé en France